JN438309

순간의 세상

순간의 세상

이 현 기 시조집

도서출판 천우

시인의 말

단풍잎 떨어지고 낙엽 지는 시기입니다. 글을 쓰면 쓸수록 어렵게 느껴지는 글밭 문화입니다. 혼자 쓰고 읽던 시조를 함께 소통할 수 있다는 게 기쁘고 감사할 따름입니다.

인생에 완성이란 없는 것이라 했습니다. 저는 인생의 멋을 끊임 없는 도전이라 생각합니다. 지나간 세월 반추하며 가슴 아파했던 일과 기쁜 일들을 웃음으로 연결고리를 만들어 가고 싶습니다. 세월 마시고 한 시절을 보내며 슬픔을 기도로 산화시키며 기도의 힘으로 살았나 봅니다. 돌아보니 기쁨보다 슬픔이 많았던 시절 허물의 발자국 사이사이 돌로 치듯 내 마음이 비틀거렸습니다.

내가 나를 보면 어리석음으로 가득한 나를 발견하며 하늘이 주신 세상을 받지 못한 탓이라 생각이 듭니다. 어렵고 힘든 나를 살려준 건 기도와 글이었습니다. 마음을 편안하게 해준 건 웃음을 아는 친구들이었습니다. 시를 쓰는 순간이었습니다. 어려웠던 소년 시절이 고맙고 방황한 시절을 기도로 승화, 하늘의 훈련으로 인생을 살아가게 해 고맙습니다. 감사합니다. 나는 늘 기도하며 무릎을 꿇어야 인생이 보이는 것 같았습니다. 간절함 애절함이 핏속을 돌고 돌아 가슴에 멈추며 글로

토해 내는 실타래 같았습니다. 눈보라 치는 햇살이 없는 그날 손발이 시린 이른 아침 나는 기도하며 가슴에 들어 있는 응어리를 풀어갔습니다. 어리석은 반항의 가슴, 그 무엇을 토해 내고 싶은 순간을 글밭에 뿌려진 것입니다.

오늘을 이끌어 준 글밭의 알곡들이 세월을 만들었고 그날을 기억하며 추수하는 영광을 받았습니다. 글밭에 가면 천 년 전, 이천 년 전 친구를 만나고 그 친구들과 밭을 갈면 더없는 행복감이 왔습니다. 꽃이 피고 지는 세월 인생도 피고 지는 아름다움으로 살고 싶습니다.

끝으로 시조집 발간에 도움 주신 천우 출판사 편집부 여러분께 진심으로 감사드리며, 늘 건강하시고 평화를 빕니다.

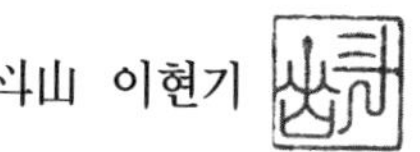

제 1 부

어머니

● 시인의 말

제2부

바보

제3부

지키세

제4부

굴러가는 소리

제5부

인생아

제1부

어머니

감사은덕

추풍에 휘날리어 마른 잎
낙엽 되어
우수수 떨어지니 갈 곳은
하나인데
백발도 이생에 지는 낙엽 되어 가누나,
추억에 담긴 가슴 머리에
담아두고
글말로 풀어지니 옛 친구
그립구나
그리운 백발 친구들 만나 보며 사세나,
추석은 우리명절 조상님
은덕으로
가슴에 품은사연 모아서
풀어보세
고마운 친구들 가슴 어디 가서 찾을까.

계절의 변화

추풍에 낙엽 지며 겨울이
무섭구나
석연한 가을 냄새 인생이
하나 더해
절묘한 계절의 변화 지나가는 철이라,

추석 절 기억나는 어머니
송편솜씨
석청에 송편 찍어 맛있게
먹었지요
어머니 하늘나라에 석청송편 있나요.

추석은 우리명절 조상의
은덕기려
석화에 안주하며 막걸리
일품일세
절하는 성묘길에서 조상은덕 기리세.

추석 절

추억에 담긴 날들 어디서
찾을거나
석양에 지는 해도 다음날
다시 뜨네
절망에 젖은 일들은 모두 잊고 만나세,
추석은 친지만나 웃으며
맞이하네
석양에 달빛모아 원하는
달 만드세
절묘한 인생의 굴레 지난세월 다 갔네.
추석이 다가오니 샘이나
비가 오네
석양빛 어디가고 태풍 비
오고 있네
절로야 가슴 조이고 지나가기 바라네.
효도만 하지 말고 불효를
하지마세
가슴에 심은 양심 붙들어
매어두세
부모님 가신 뒤에야 후해하며 한 되네.

고향

고향이 어디 있나 산천이
고향이지
물 좋고 산이 좋은 이 강산
모두고향
하늘을 지붕 삼아서 광야에서 지내리.

두고 온 고향 인심 어디로
갔는가요
옛정이 사라진 게 내 탓이
되고 있네
잔정이 숨어버린 것 조상탓 할 것인가.

어머니

어머니 가신 날은 화창한
봄날이네
자식들 두고 가신 꽃길에
취하셨소
반세기 지난세월에 오늘도 소식 없네.

긴 밤에 새끼 꼬며 동치미
먹던 기억
새롭게 나타나니 선머슴
순종하며
경성에 도망가라는 소리에 침묵 했소.

용광로

아들을 두고 가신 어머니
생각하면
끝없이 아픔 오고 운명의
부름이라
생각은 하지만 너무나 빨리도 가셨네.

울어도 보았지만 하늘은
침묵하고
가슴만 젖도록 한 세월
지났구려
이것이 인생 삶인 것 알고 보니 끝이네.

철 따라 살아가는 소년은
봄이 싫어
울었네 봄이 오면 논밭은
나를 찾네
기다려 웃자 했는데 태양빛 찬란했네.

모심는 날에 결석 하루가
길어 갔네
모쟁이 뒷걸음에 거머리
강한 인생
용광로 화덕 만들어 만든 인생 됐다네.

웃었소

육년간 맞춘 교복 못 입어
울어본들
세월이 알겠는가 헌옷이
알겠는가
늘어진 교복 입고가 친구들이 웃었네.

그래도 행복했소 어려운
시간이네
침묵에 소리잡고 냉가슴
울었다네
어려움 개선장군 되고 나며 웃었소.

송아지

뒷거름 밭에 내고 일하던
소년 시절
빛바랜 가슴앓이 하면서
살았다네
일하기 싫다 하면은 도망가라 했다오

한양에 도망가고 싶었지
눈물 삼켜
세월에 마 끼면서 침묵에
살았다오
가슴에 눈물 고이면 눈물 마셔 지냈네.

눈물로 살아온 날 그 누가
알겠는가
할 말도 많은 시절 꿀 먹은
입 다물고
선머슴 이리저리 송아지처럼 살았네.

주일날 일하는 날 친구들
낭만으로
내 마음 아픈 상처 가슴은

검은 구름
뛰노는 친구들 멀리 웃음소리 들렸네.

차라리 도망해 홀로 살다
죽을 것을
고향에 머물러 고향 지킨
보람 있나
하느님 제 가슴 살펴 인도하여 주셨네.

풀무질

비바람 불어지면 겨울철
기억나네
왕겨에 풀무질은 하루도
건너뛰지 못했네
까만 연기 속 울며 불며 지났네.

어하야 모를 심어 모쟁이
필요하네
어린 맘 결석하고 모심는
허드레라
이것도 하늘이 내린 훈련이라 했다네.

고구마 구워 먹는 시간은
행복했다
허기진 배 채우고 긴 밤에
새끼 꼬아
한 아름 들고서 농사 준비한 일 아누나,

맨발은 용감했다 겨울철 교실
바닥 뛰어든 맨발 학생
선생님 춥지 않니 그 마음 고마운 생각
동상으로 울었네.

머슴에 한이 되며 농사일
모두 했네
들에서 허기진 배 참고서
일을 했소
그래도 밥 먹고 쉬는 어린 마음 행복했소.

초등

티 없이 맑은 가슴 안고야
고생했소
동심에 젖은 마음 웃으며
지나갔네
이제는 흰머리 나고 숨소리가 빠르네.

엊그제 초등학교 코 흘려
닦고 지고
깜작할 순간에야 그날이
오고갔네
주름에 세월이 들어 지난날 생각하네,

공부라 이름 짓고 학교를
다녔다네
수업에 참여하고 졸음만
가져왔네
다니는 학교 공부를 한번도야 못했네.

중학교 교과서를 선별해
사고 들고
없는 책 친구에게 빌려서

구경했소
시험 날 책 한번도야 읽지 않고 보았네.

생각도 하기 싫은 소년의
가슴 아픈
시절은 맨발로야 마룻바닥
훔쳤네
겨울엔 동상 들어와 발가락이 부었소,

고생도 많이 했소 하기야
하느님이
이끄신 훈련으로 살았지
침묵으로
궂은일 마다 않고서 해낸 것이 장하다.

끝이야

세월이 할매 되고 할머니
손자손녀
부르며 웃고 지고 커가는
기쁨일세
아무것 모르고 살지 살다보니 끝이네,

끝이야 세월 속에 묻혀서
어디가나
태어남 엊그제여 산으로
가는 길이
해지는 노을빛 황혼 열차타고 가누나.

시골길

시골길 죽어가고 인적이
없는 고향
낭만도 볼 수 없고 아이들
울음소리
사라진 폐허의 세월 어디 가서 찾을까

백발은 들판문화 만들어
살며지고
이마에 주름 하나 생기고
울며 잡고
일하며 영토 지키는 백발전투 아는가,

황금에 눈이 멀면 세상은
볼품없네
자식이 부모 죽여 부모도
몸조심해
살아야 남은 세월에 하늘보고 살지요

세상은 인간 생명 동물로
보고 있네
어쩌다 이렇게야 동방에
불이 꺼져
있는지 내도야 한숨 절로 나며 울었네.

친구야

친구야 어린 시절 싸우고
울고불고
엉뚱한 생각도야 하면서
웃었다네
야박한 놀이 세상에 세월 먹고 자랐네,

친하게 지낸 세월 싸움질
많이 한 것
구겨진 우리놀이 낭만의
그 시간들
야무진 소년 시절에 지난 낭만 보이네.

눈썰매

눈 속에 썰매 타는 즐거움
있고말고
썰매를 만들어서 눈 속을
휘비이고
매서운 눈보라 피해 청춘열차 되누나

눈사람 만들어서 동장군
이기누나
썰매에 태워가는 눈사람
웃고가네
매화꽃 설화로 그려 겨울나기 십고야

눈으로 산을 덮고 천지를
하얀 나라
아이들 썰매 타고 신나는
겨울되네
매미는 지하에 숨어 겨울나기 하누나.

눈 오면 겨울걱정 먹을 것
걱정했지
썰물이 밀려오면 겨울은
춥다하네
매서운 한파 먹을 것 걱정하며 살았소.

어릴 적

소싯적 생각하면 엊그제
꿈만 같네
청년기 가슴에는 불이 타
있었다네
중장년 탐욕이 없다 하지 않을 수 없네.

네모난 정자에서 산바람
마시고야
머어산 바라보니 태양이
웃고 있네
내 인생 바람같이야 달려와서 끝났네,

라디오 없이 살던 그날들
잘 살았네
경제적 부가가치 어려움
만든다네
없어도 풍부한 인심 그 시절이 좋았소.

나 홀로

나 홀로 여기 왔소 세월과
함께 왔소.
부산한 삶속에서 이렇게
홀로 왔소
터질듯 깨질듯 하며 내가 나를 보았소.

홀로야 왔다갔다 하는 게
인생일세
어디서 왔는지는 알 수가
없고말고
저 하늘 바라보면서 남은 인생 사누나.

천리향

천리향 천리까지 향기가
나는고야
엊그제 피고 지는 향기가
진동하네
내 인생 향기 없이야 살고지고
지났네

고향에 향기 있어 향토길
냄새나네
길 따라 숨어 있는 내 조국
친구들아
흙냄새 맛을 보면서 조국향기
맛보세.

세월

창밖에 세상소리 세월은
가고 있네
어버이 생각 깊던 선영의
묘소에는
침묵만 흐르면서도 후손들도 말없네.

청산은 침묵하고 구름은
하늘가에
숲들은 하늘 받고 태양은
숲을 보네
자연의 우주신비에 밝은 태양 웃누나.

집 앞에 계곡물이 흐르고
있었네
언덕에 봄기운이 가득한
하루 가네
자연인 가슴속에는 한가롭게 사누나.

고향의 벗

낯익은 고향산천 찾아와
웃고지고
산천도 웃음으로 하늘도
함께하네
하늘은 푸르기만 한 우리 마을
있구나,

친구의 아름다운 소리가
들려오네
오찬에 함께하는 벗들의
가슴 있네
이렇게 행복한 가슴 개구쟁이
친구네,

빛나는 태양아래 지나간
세월안고
행복한 그날들을 잡아서
보고말고
복잡한 길거리 행보 조용하게
걷누나

마을길 걸어가면 빈집은
조용하네
사람들 살기위한 도처에
숨어사네
벗들은 옛날 벗 아니고 산과 강은
알겠네,

세상을 사랑하며 웃으며
살아가네
주름을 없애주는 행복한
벗들이네
고향이 웃어주고 친구 있어
행복하네.

새벽 길

심장이 뛰는 고야 자다가
일어났네
쿵쿵쿵 소리 듣고 일어나
글을 쓰네
가슴에 무엇이 들어 아픈 가슴 치누나,

심장도 고생했소 칠십년
넘고 지고
이제는 고장 났나 보오링
해야겠네
언제나 말이 없던 너 새벽 길에 눈떴네.

제2부

바보

바보

얼마나 불쌍했나 바라본
얼굴이네
마음도 없는 일을 미소로
힘든 상념
이렇게 나를 울리나 마음 안에 눈물로,

자연의 이치라는 하늘의
이야기는
오늘도 속삭이며 가슴을
치는구나
바보는 늘 바보였어 늘 바보로 살리라.

시향

시향이 묻어있는 가을 산
울긋불긋
계곡에 가을 흘러 내게로
오는구나
서산에 노을 만들고 붉은 하늘 보이네.

가을은 쓸쓸하고 산들은
붉어지니
을숙도 해변가에 가을은
오는구나
송아지 목메어 음매 소리에 밤이 우네.

바람은

바람은 부서지고 창문을
치는구나
긴 밤을 휘어감아 골방에
찾아오네
이렇게 지나는 세월 동지섣달 왔구려.

바람길 얼굴 밟고 지나네
벽에 걸려
떨어져 바닥차고 드는데
솜이불에 막히어
숨 죽이고야 부서지고 말았네.

겨울비

겨울비 내리면서 눈밭을
치우네요
울밑에 봉선화 꽃 기억해
비가 오네
비 오면 봄을 품고야 함께 오는 새 소식,

겨우내 언 동토 살며시
녹아드네
울면서 떨어지며 동산을
적셔주네
비 오면 채워지는 강 농사철로 가누나,

겨자씨 작은 생명 새싹에
생명주네
울분을 토해내는 하늘에
고하는데
비상한 자연 이치에 할 말 잃은 삶이네.

계룡동학사

계룡산 오르면서 김밥을
먹고 지고
정상에 가다말고 소낙비
말도마소
젖은 것 잊고 걷는 길 사랑 담아 걸었네.

갑사로 가는 길목 장승들
한몫 하네
장승도 내리는 비 맞으며
웃고 있네
석장승 칭칭 감긴 새끼줄 비를 맞네,

영혼은 하나 되고 가슴은
따로 있네
소통은 말이 없고 사랑만
왔다갔다
하늘의 영혼 춤 사랑 영(靈)으로 받았다네.

사랑은 이렇게야 가고만
해후였네
소낙비 산사계곡 가득히
채우고서
여장군 장승비녀도 소낙비에 젖었네.

가을빛

가을은 붉은 마음 물들고
가슴 뛰네
을숙도 해변에도 가을은
익어가네
빛나는 태양 아래에 붉은 햇살 피누나,

가을은 성숙 계절 익어간
하늘일세
을미년 생각하면 치가야
떨리지만
빛나는 하늘 아래에 단풍소리 들리네.

단풍철 1

단풍아 붉은 주인 하늘에
있다더라
풍류에 가을가고 시름에
인생가네
철따라 사는 인생이 무엇인들 알겠나.

단풍아 너의 얼굴 태양에
빛이 나네
긴 여름 시름 겪고 이제는
쉬는구나
인생도 가을 되어서 겨울맞이 한다네.

여름철

여름철 찜통더위 바람이
달려드네
잎사귀 흔들리며 소리로
담소하네
하늘가 여름바람은 달려가고 있구나,

슬픔이 느껴지는 곳에서
몸을 푸네
가을을 가져오는 여름이
흔든다네
사랑에 목매인 여인 여름바람 만드네,

소리를 잡아당겨 입으로
웃는다네
입술을 만져가며 살며시
미소 짓네
불타는 여름 날에도 고향산천 후볐네.

빛의 전령

아침에 햇살전령 다가와
문을 여네
저녁엔 솔잎향기 타고와
쉬게 하네
인생은 숨 죽이면서 갈팡질팡 사누나.

깊은 산 봄은 없고 여름이
판을 치네
들에는 잡초들이 저마다
웃고 있네
계곡의 맑은 물들이 흐르면서 웃누나.

운명으로

영상의 필름처럼 지나간
세월들아
단연코 말하지만 인생은
간단하네
풍파에 세월 주고서 운명으로 끝나네.

영혼을 찾는 것이 그렇게
간단할까
단단한 영혼생활 찾아서
행복하소
풍요로 가꾼 사랑을 그렇게야 버렸소.

영원한 역사의식 없는 게
우리민족
단군의 민족강령 잊고야
살고 있네
풍운꿈 하늘이 알고 땅도 알고 있도다.

영롱한 달빛아래 붉은빛
보여지고
단풍철 계곡마다 색채빛
흘러오네
풍성한 가을 곡식도 물결치듯 오누나.

가을 왔네

가을이 찾아왔네 여름은
바람 탔네
세월이 눈짓하네 철따라
가고마네
모든 게 인생 지도에 그려진 채 가누나

계절은 인생 삶을 웃으며
지켜보네
젊음이 지나가면 그림을
그려보네
밀리고 밀려오는 삶 허무하다 생각마소.

떠난 임아

월출산 정상 올라 세상을
바라보니
작고 큰 집들 보니 삶속에
허덕이네
인생의 오장 육부도 하늘 따라 가누나

야망에 가슴 찬 일 망상에
허덕이네
야심이 욕심 채워 쇠고랑
차고 드네
자본의 횡포 없는 삶 그 안에 살고 싶네.

연민의 정 쌓아서 숨겨둔
가슴속에
간직한 사랑노래 부르며
살고 싶네
우리임 어디 갔나 소리쳐
불러보네.

정주고 떠난 임을 어디서
찾을거나

숨겨둔 가슴속에 다시는
오지 않네
세월아 너 알고 있지 떠난 임을 찾는다.

밀려오네

수평선 바라보니 바다끝
보입니다
석양의 노을빛은 바닷물
달군다네
알 수가 없는 일들이 밀려오고
있누나,

짧은 밤 지나가는 밝은 달
보여지고
별들의 찬란한 빛 소리를
듣고 있네
바람은 산모퉁이를 돌아가며
웃누나,

생각에 흔들리는 마음의
물결들은
지나간 세월들이 밀려와
가슴 치네
괴로운 물결이라면 버리기도
했을걸,

흐르는 순간

세월은 말도 없이 흐르는
순간이라
순간은 생각하는 영혼의
힘이로세
힘 따라 사는 삶 속에 사랑마음 춤추었네

봄 되면 선머슴은 논밭에
뒹굴었네
들판에 숨은 잡초 찾아서
뽑았다네
어차피 머슴이 해야 할 일 하늘 뜻이네

모든 것 지나가니 허전함
뿐이로세
살아서 웃고 살고 자비에
사랑하세
이생에 못다 한 일 내 생에 꿈 꾸어본다

사랑타령

당신은 날 따라와 멀리서
바라보네
닮음이 유다라니 예수님
팔아넘긴
순간을 비유하는 게 하느님 뜻이라네.

나는야 귀중한 몸 당신은
고물이야
나이든 세상사를 가슴에
담아두고
숨기며 사랑하는 게 진실한 사랑일까,

들자니 무겁고야 놓자니
깨지는데
어떻게 하라하나 답답한
너로구나
숨기며 사랑하다 떨어진 물거품이네.

넘어가소

얼마나 고생했오 버리고
날으소서
하늘에 진리 있네 친구가
필요하지
나에게 가슴 조이는 시간들이 있었네

사랑은 영혼으로 사랑한
해후였네
무엇을 바라겠나 홀로야
행복 누려
파도를 넘어 가소야 속세 늪 헤쳐가소.

부처는 가정 버려 홀로야
살았다네
인생을 버리고서 인생을
알았다네
공(空)속 채워가는 일 꿈속으로 가누나.

바보 같은

내 잘못 내가 알지 성질이
지랄 같아
교양이 부족한 나 인내를
못 하고야
혼자서 판단하고서 생각으로 웃었네,

성불할 시기 온 듯하지만
칼날 같은
내가 날 생각해도 답답함
많은 것을
당신이 날 바라볼 때 얼마나 웃었을까.

웃음난다

내가야 나를 생각 창피해
개망나니
이제는 그래도 야 얌전해
젊은 시절
한없이 고달픈 내가 생각해도 웃음난다

중학에 입학하고 고등교
육년간에
교복함 입어보지 못하고
헌옷가지
줄여서 입고 다닌 날 그래도 행복했네.

가득한 내 마음에 응어리
뭉쳐진 것
풀어야 산다는 것 알면서
힘든 가슴
분노의 역정 속에서 피해의식 깊었네.

죽마고우

좋은 친구 만나는 날 기분 좋은 하루되네
어렵게도 살아온 벗 이제 무엇 바라겠나
남은 여생 죽마고우 맞춤으로 살고 싶네.

어느 놈은 고리대금 돈 놓고 돈 먹는다네
고스톱에 있고 지고 한눈팔며 까고 있네
지놈은 원칙 무시하면서도 원칙 찾네

세상은 참으로야 묘한 것 많은 세상
신비한 우리마음 비워도 채워지지
않는 게 인간의 마음은 어쩔 수가 없구려.

빗방울

빗방울 소리 내며 부르네
사랑으로
하늘의 묘한 신비 누가야
알겠는가
이생에 사는 모습이 전생 삶의 업이라

많고도 많은 생각 자비로
세상살세
업보를 만들어져 사는 것
없이 하세
사랑은 말로 하는 것 아니고야 베푸네.

바람소리

문풍지 때려들고 밀려든
바람소리
가지는 휘청거려 흔들려
시달리네
세월이 바람과 함께 친구하고 있구나,

산산이 조각난 날 세월이
되고 있네
조국에 부는 바람 언제나
조용할까
갈라진 조국 찬바람 불고지고 가누나,

언제나 조용한 날 올거나
답답하네
조용한 동방의 빛 빛나게
할 것인지
자연의 순리 우주의 기를 모아 사세나,

이 시대 부는 바람 누가야
잡겠는가

쌈치는 하지마소 올바른
양심 갖게
백년도 한순간인데 권력인들 천년갈까.

자연 박물관

우주에 공간 채워 한순간
이어질세
고난의 삶속에서 찾는가
눈빛으로
오고간 자연박물관 차지하는 일이네,

구름과 높은 산의 만남도
순간이네
세상을 바라보며 웃으며
헤어지네
인생도 구름과 같은 지나가는 나그네.

제3부

지키세

추어탕

워낙이 똑똑한 이 많은데
나라살림 살피는 한량들은 없고야
잘난사람 많아서 혼란스러운
여의도는 오물통,

추어탕 맛이 있네 이 가을
먹어보세
석굴암 생각하며 고란초
띄워놓고
절친한 친구들끼리 모여 앉아 맛보세

오오라 조선이여 그대는
어디가고
나 홀로 있게 하네 참으로
슬피 울고
대한은 오천년 묵은 역사에서 찾는다.

동이족

한국은 조선이라 했지요
우리민족
동방의 작은 나라 조선은
군자나라
동이족 윤리와 도덕 살아있는 혼이라

이제는 없어진 것 많기도
하여지고
인생에 정도 없고 양심도
사라졌네
이렇게 정도 없이야 살아가다 가겠네.

지키세

시골길 걸어가다 아이들
없고 지고
울음이 있어야지 웃음도
볼 것인데
시골길 보이지 않고 폐허로 가고 있네.

들판은 누가 지켜 가는가
백발전투
땀으로 젖은 몸은 미래를
생각하네
조국아 어디로 가나 숨통 터져 죽겠소.

장하다

장하다 대한건아 용맹한
젊은 사나
전쟁은 함께하는 투철한
나라의식
굴절의 진실한 가슴 필요한 것 있다네,

죽어간 피의용사 어디가
찾을 손가
뭉치면 살아나네 우리 혼
찾아야지
혼란 팀 정신 차리소 하나 되는 혼 찾자.

만드세나

때로는 우는 새도 내 가슴
치고 있네
우는 새 함께하는 영혼의
가슴일까
무엇이 그리도 슬퍼 목이 터져 우는가

세상은 어지럽고 사회는
홀로 가네
가는 길 양심 없는 세상을
만든다네
물려줄 가슴역사를 만드세나 만들어

한글세상

영산인 백두산에 민족 혼
숨어있네
단풍철 민족영산 찾아가
안아보세
풍만한 백두산 천지 항일유적 살았네.

영원이 어디 있나 간단한
인생일세
단 한번 태어나서 어디로
가는 걸까
풍부한 인생의 정을 마음 담아 가오리.

영원의 손 보이는 당신의
미소였네
단칼에 두부 잘라 갈라진
사랑일세
풍성한 잔치 사랑이 한순간에 떠났네.

영국말 더듬거려 한글도
모르누나
단어도 모르고서 어설픈
행각일세
풍성한 한글 문화에 서예세상 만드세.

생일 날

단군 얼 찾아가는 개국한
나라생일
풍성 한 시월삼일 개천절
기억하세
철 따라 사는 우리 삶 천민사상(天民思想) 잊었네.

처마에 조롱박이 가지런
정열 했네
시월에 주는 의미 나라의
생일 있네
개천절(開天節) 홍익인간(弘益人間)의 이념으로 삽시다.

단풍철 2

단절된 민족들아 어이해
적이 됐냐
풍요한 이 가을철 가슴 터
말해보자
철조망 갈라 버리고 우리함께 손잡자

단체가 뭉쳐지면 가장 큰
힘이 되지
풍채가 만만하다 자랑만
하지 말고
철저한 힘을 모아서 우리민족 뭉치세.

어이할거나

해방 후 달라진 것 하나도
없다하네
욕심이 없어졌나 꾼들의
양심보소
나라를 지키는 것이 투쟁 속에 싸움뿐,

뿐만이 아니고요 양심을
속이면서
권력에 아부하고 부자에
손 벌리는
얌체족 어이할거나 여의도에 쓰레기

허리 휘네

천도가 없다하나 반드시
있다 하네
조국이 갈라져서 두 동강
허리 휘네
어쩌다 이런 꼴 보며 살아 가노 조선아

하인이 주인 되고 주인이
하인 되네
노력이 만든 세상 꿈 많은
민족 되어
같은 꿈 꾸면서 함께 손 잡고서 사세나,

오천년 묵은 역사 모르고
사는 민족
한심한 역사로세 천년 후
다시 찾자
생각을 함께 하면서 찾아가자 그 길을

민족은 영원한 것 우리가
가고난후
그대로 이어지는 조국을
넘겨주자
오천년 역사전통을 물려주고 가세나.

을사오적*

가방에 무엇 들어 무겁게
움직이나
을왕리 가다오다 발목에
금이 가네
송이풀 밟지 마소야 새 생명이 움트네.

가족끼리 모여앉아 나라걱정
하고 지고
을사오적 기리면서 다섯 사람
이름 적네
송이버섯 요리하며 침통하게 생각했네.

* 을사오적(乙巳五賊) : 1905년 대한제국에서 을사조약을 체결에 가담한 인물들. 학부대신 이완용, 내부대신 이지용, 외부대신 박제순, 군부대신 이근택, 농상부대신 권중현 등을 가리킨다.

음매소리

가을에 만난 사랑 겨울에
가버리고
을미년 함께한 이 어디가
찾을손가
송아지 음매소리에 몸부림쳐 버렸네.

가야국 가락 문화 만들어
빛이 났네
을파소 고구려의 국상에
힘 얻었네
송나라 평화를 돈에 해결하다 망했네.

가을시절 단풍으로 왔다갔다
겨울 오네
을지문덕 장군도야 가을 좋아
사랑했네
송이송이 피어난 꽃 하늘보고 웃고 있네.

서독광부

서독에 파견광부 애환을
알고 있소
축하에 눈물 흘려 갔지만
말도마소
전쟁도 아닌 삶 실제 고난역경 받았네

서독에 간호업무 파견된
한국여성
축도에 기도드린 목회자
눈물났소
전생에 얻은 업보로 조국위해 바쳤네.

서독에 초청된 박 대통령
눈물났소
축하의 연설문도 읽지도
못했다오
전후에 이런 피나는 서러움을 아는가.

철새들

철새들 총선이 네놈들의
몫이냐
어림없네 국민 맘 여의도를 잊고서
살고 있네
세비만 먹어 치우는 국민혈세 먹누나.

권력을 천년으로 생각한
모리배들
국민들 밥통도야 같은 것
생각하게
영원한 인생 없다는 일정표도 모르나.

영원한 권력으로 가려는
졸부 있네
병상에 누워있는 나라를
생각하게
신이여 병든 나라를 치유하여 주소서.

영락을 바라보는 패거리
있고말고
병마에 시달리는 이사회
누가 잡나
신나는 정신병자들 국민 맘을 모르네.

오천 년

나라의 살림살이 하는 자
졸부 있네
무엇이 국가살림 하는 줄
모르고서
싸움질 선수 되어서 링 안에서 뛰누나

우리는 생각했네 숫자가
너무 많소
진지한 한량들아 대한을
지켜가소
불목은 흩어 지는 것 새롭게야 뭉치소

졸부들 세비 먹고 노는 일
그만하게
대갈통 든 게 없고 반대에
반대하는
대한은 오천 년 묵은 나라일세 꿈 깨소.

석두

된장은 숙성되어 제맛을
낸다하네
고추장 숙성된 맛 한국 맛
우리문화
인생의 성숙한 자아 백발향기 빛나네.

대한은 자유 맛을 모르고
날뛰는 자
민주도 모르고야 탈 쓰고
달려드네
자유를 선택 건국한 대한이라 한다네.

탈북자 북한인민 실상을
말하고야
한매인 삶의 실상 가슴을
치고 있네
탈쓴 자 북한 인민을 생각하며 울어라.

독재자 뒤따르는 졸부가
되지 말고
진정한 인민생각 하면서

투쟁하라
독재를 추종하는 자 가슴깊이 생각하소.

통일이 된다면은 주민들
성질나네
북한의 주민들이 졸부들
밟아버려
죽일 것 생각하니 참 석두석두 석두야.

답답한 동네

소박한 우리정서 어디서
찾을 거나
정 많은 우리고을 폐허가
되고 있네
머리는 줄어들고야 울음소리 끊겼네.

허리는 가시로야 감아서
숨 막히고
허리띠 풀 때마다 세비가
날아갔네
기이한 일 볼 때마다 가슴 답답했다오,

세비를 축내는 띠 들끓는
모기행열
쓰레기 찾아들고 가슴속
속이누나
깨끗함 보고 듣는 일 어진 백성 가슴들.

옳고야 그른 것을 알면서
지나갔네

청순함 알고말고 입 다문
국민마음
진실은 침묵하고야 우리 곁에 서 있네.

말이 없어진 사회

내 나이 불혹의 날 기어이
여기 왔네
이슬과 다름없는 인생을
불러보네
어른들 잔소리 말씀 틀린 것이
없다네.

그 시절 잔소리는 짜증난
일이라네
지난날 생각하니 큰 교훈
남았다네.
틀린 게 하나도 없고 진실토한
말씀을

현실을 보면서야 그날들
기억하네
지금은 어른 말씀 웃긴다
하고 있네
그러나 세월가고 난 그날 오면
알겠지.

내 나라 발전하기 원하나
하향 길에
당도한 흔적들이 보이니
답답하네
어른들 말을 귀담아 심사숙고
하시게.

현충일

호국 철은 나라위해 피로 만든
전선 있네
국가행사 겉치레로 맞이하는
날이 됐나
철길 따라 걷고 있는 호국영령 침묵하네

호국 철 피로 물든 전선은
말이 없네
국민의 마음 없고 나라를
잊고 있네
철따라 오고 있는 날 형식으로 보내네,

호국의 이름 놓고 영령들
웃고 있네
국가는 있다마는 나라가
없다 하네
철없는 졸부들 얼굴 가면 쓴 채 웃는다.

제4부

굴러가는 소리

졸부님

뼈마디 부서지는 소리에
세월가네
하늘은 침묵하며 세상은
요동치네
초상난 윤리와 도덕 상주노릇 하누나.

내가야 어디 있나 생각 좀
하고 살게
명예가 으뜸인가 권력이
제일인가
이 모두 가슴에 두고 사는 자는 졸부네.

흘러갔네

나라는 있다마는 정치가
없는 시대
윤리는 온데간데없어진
사회 됐네
정치는 부와 권력에 아첨하며 누리네.
세월아 어디 갔나 동트니
하루 가네
긴 세월 말하지만 한순간
흘러가네
기억이 총총하다만 세월 불러 꿈꾸네.
이승만 대통령은 자유당
잘못 만나
반공만 생각하다 결국은
하야했네
쓰라린 가슴 안고서 역사속에 묻혔소.
소쩍새 우는 날은 내 가슴
뛰는고야
얼마나 울었느냐 목 터져
피가 나네
그래도 고운 님 소식 없이 세월 지나네.
네모난 정자에서 한생을
생각하니

가슴에 고인 눈물 서럽게
달려드네
그런들 어찌하리오! 지난 세월 잊었네.

가슴 안의 기본

고상한 척하지만 그 안에
숨은 마음
치부에 몸부림쳐 백성들
가슴 아파
큰일이 나면 모두가 남에 탓이 되누나.

기본이 무너진 지 오래된
일이 되고
윗물이 맑아야지 아랫물
맑아진다
남의 탓 하지 말고야 기본질서 지키세

매번도 아닌 사고 날마다
대형사고
누구의 탓도 아닌 첫 단추
잘못 끼고
이렇게 혼란에 혼란 기본 다져 나가세

치하는 위정자들 정신 좀
차리소야
의원들 숫자 많아 절반에

충절하소
나라가 주인이 없고 공권력 힘이 없네.

공권력 이렇게도 누가야
만들었냐
참 강한 이정표는 중도로
가는 길이
강한 자 좌우로 편향되지 않고 간다네.

굴러가는 소리

인생 삶 굴러가는 소리가
들리네요
세월에 바퀴 달고 나는
비행접시
철저한 방위 태세로 나라
지켜가세나.

나 홀로 생각하니 공중에
떠있는 꿈
날개도 없는 것이 달나라
다녀오고
우주 신비 가져와 마음 그리면서
웃는다.

전쟁은

서양에 기본정신 받아야
하네만은
축제에 정신 나간 모양새
가슴 아파
전쟁은 세계 곳곳에 조용하게 하누나.

자기를 알아야지 내도야
모르고서
전쟁은 백전백패 하나의
힘 모아서
굳건한 사회 질서에 좀먹는 자 버리세.

서로가 힘을 모아 대한을
지켜주소
축하로 먹고사는 치하는
사람들아
전쟁은 오래전부터 시작된 것 아시나.

어디 갔나

만든 이 따로 있고 쓰는 이
특별하네
하느님 모상으로 만든 것
우리인간
오장이 오대양이라 육부가 육대주라,

긴 밤을 지새우는 할머니
천년 같다
하네만 웃는 얼굴 순간에
스쳐가네
지나간 삶의 애락은 어디 갔나 싶으이.

전쟁

비행기 소리 나면 방공호
숨어들고
밤이면 소등하고 숨어서
살았다오
남침에 소용돌이 친 혼란 속에 살았네.

이렇게 좋은 세상 만든 이
누구인가
용사님 얼 있어라 천고의
피나는 일
우리는 알고 있소만 모르는 자 벌 받네.

실학민 남으로 야 발걸음
옮겨지고
맨발로 피나게야 걸었소
천리 길을
부산항 판자촌 만든 우리형제 많았네.

북으로 북으로 야 피난길
가지 않고
남으로 내려온 것 한목숨
부지했네
자유를 찾아 왔지만 목마름에 지쳤네.

흡혈귀

흡혈귀 눈뜬 귀신 피 빠는
세력들아
정신 좀 차려 주소 나라가
없어지면
산 귀신 피 못 빨아서 소리치며 가누나.

졸부야 같은 밥통 아는가
가슴우네
네놈들 밥통은 뇌물밥통
백성은 쓰레기냐
민생을 생각 못하면 네놈들도 죽으리.

하늘마음

영원한 친구들아 어디서
무엇 하나
단풍철 만나보자 세상을
그려보자
풍류로 세월 마시며 한 시대를 집세나.

영면공간 채워주는 죽음공간
울음 오네
단편생활 이어지고 세월타고
돌고 있네
풍요로운 자연이치 우주공간 무한하네,

영원한 영혼세상 공간을
채어주네
단순한 나의삶이 창공을
차지하네
풍만한 어머니 가슴 하늘 마음 같구나.

가정의 달

가정은 없어지고 핵가족
풍선 타네
정치는 가정부터 시작해
가슴 푸소
달나라 계수나무가 태양 빛에 빛나네

가격만 높다고서 좋은 게
아니라네
정도껏 눈높이가 자신에
좋다하네
달성된 자아 실현이 눈높이로 가야 하네.

가장된 가슴 풀고 새롭게
태어나소
정말로 하나 되는 나라를
만드세나
달뜨니 밤에 움직여 혼란시켜 가누나,

가는 놈 잡지 말고 오는 이
반기라네
정도로 사랑하고 사회를

이끌게나.
달보고 물어 보시게 정주고야 떠나네.

가면 쓴 한량들이 많으면
어찌하나
정도에 살고지고 양심을
팔지마라
달동네 생각하면서 지난날을 생각해.

문화세상

바람 가니 구름가고 구름가니 세월 가네
세월 가니 인생가고 인생가니 백발 됐네
들판문화 백발문화 만들면서 살고 있네,

지구문화 우주문화 한 몸으로 가고 있네
천체문화 북두칠성 반짝이며 안부 묻네
화성에서 보낸편지 천지창조 다시 쓰소.

노예로

중국에 숨어사는 북한의
인민들은
인권도 모르고서 노예로
살고있네
시진 핑 주석 아저씨 난민으로 하시오.

먹는 게 힘들어서 당신네
땅에 갔소
주어진 생명 틀에 아이들
죽어가네
세상을 하나로 묶어 인간애를 갖게나.

영병신

영화를 보는 장편 꿈속에
백성보네
병아리 눈물 흘려 어미닭
찾고 있네
신물 난 정치 세력은 탐욕으로 가누나

영광된 나라 찾아 하나 된
우리 되세
병들고 후회말고 건강한
우리사회
신선한 양심 밭갈아 씨앗 뿌려 가꾸세.

영광된 나라 되어 통일에
전력하세
병영문 화려하게 만들어
나아가세
신병에 아름다운 꿈 통일조국 만드세

영자야 어디 있나 고향을
버리고서
병식이 너를 찾아 천리길

돌고 있네
싱거운 인생 삶으로 살지 않게 하거라

영으로 되어가는 사회가
되고말고
병마에 시달리는 조국을
치료하세
신나는 양심 강산에 무궁화 꽃 피우세.

고향의 봄

매서운 꽃샘추위 봄꽃에
시샘하네
화사한 하늘아래 꽃망울
웃고 있네
송림에 내려앉는 봄 어쩔 수가 없구나.

북한의 봄 날씨도 꽃망울
가져오네
화창한 태양아래 웃으며
필 것 같네
송아지 봄을 안고서 푸른 초원 꿈꾸네.

탈북자 꿈의 염원 통일된
조국 찾네
괴로움 극복하며 두만강
건너왔네
가까운 길 두고 멀리 돌고 돌아 왔다네.

태양 아래

태양 빛 아까운 빛 밝음에
살고지고
운행을 돕고 있는 태양에
고맙고야
자연에 힘을 주고서 살고지고 있누나.

사람이 없고 지고 노는 자
많고지고
큰소리치는 놈은 건달끼
있고말고
땀 흘려 일하는 노동 바보 되고 사누나.

자본의 횡포 있고 사는 길
힘이 드네
권력이 춤을 추고 졸부는
웃고 있네
백성은 늘 이꼴 저꼴 별꼴까지 보누나.

냄새

어디서 들려오는 냄새가
나고말고
헛소리 자동차에 매연도
한몫 하네
바보의 웃음박스에 흐르는 말
들리네,

좁은 길 명동거리 발자국
소리 나네
바쁜 일 발걸음에 시간을
재촉하네
역사가 각인되는 날 양심에
기록하소,

서로의 양보 없이 치하는
위정자들
목청은 시장 속에 그것이
뛰고 있네
속이며 야심찬 일들 백성들을
속이네,

노숙자 만드는 게 우리들
세상인가
자신만 위해 사는 오늘의
사회 됐나
세상은 썩은 냄새로 나도 함께
썩누나.

소리와 말

귀 통한 온갖 소리 밀려와
들어오고
소리중 말로 변한 기쁨을
주고말고
나쁜 말 가려내는 맘 생각 중에
거르네.

지각은 소리들을 말로야
얻어지네
차분치 않은 가슴 근심을
만든다네
언로는 세월 속에서 괴로움을
안다네

노병은 밀려오는 고통을
차단하네
백성은 어느 말도 다받아
들인다네
그러나 옳고 그른 것 가슴이
결정하네.

언어의 아름다움 천 냥 빚
갚고말고
말속에 자비사랑 담겨서
행복하네
뜻 말이 통하는 기본 나라의
기둥 되네.

오늘을 살아가는 지도자
한마디가
중요한 안정평화 얻는 일
있고말고
울타리 없어지면은 내 땅덩이
없어지네.

나라가 없어지면 떠도는
집시되네
집시는 나라 없는 나그네
되고말고
약삭도 빠른 가슴을 누가 신뢰
하겠소,

하느님 피로 물든 영혼을
생각하소
조국의 수호자를 기리며
찾아보세
한 치의 부끄럼 없이 살 수 있게
하시게.

꽃피네

세상에 속이는 일 밥 먹듯
하고 있네
없는 것 있게 하고 있는 것
없게 하네
차라리 속이지 말고 목숨 줄을
끊어라,

건달도 쓰러지면 공격을
중단하네
인간을 마르게야 하는 것
천벌 받네
자신을 바라보면서 죄인들을
벌하소,

사람을 시해하고 있는 자
없애야지
버젓이 행동하는 사회가
우리사회
법치가 올바르게야 행해질 때
꽃피네.

역사의 필름

강물은 흐르고서 세월을
동반하네
세상에 곱고고은 물들이
어디 있나
인생 삶 흠투성이를 서로가려
웃기네,

청렴다 자기자랑 외치는
사회됐네
속고야 속여 주는 억지로
죽여주네
역사는 가슴 필름에 기록하고
있누나,

죄 없이 살아온 삶 그 누가
외치는가
가면에 가슴가려 없는 죄
만든다네
진실은 역사에 기록되면서야
가누나.

제5부

인생아

우리 삶

삶속에 인생 있고 고통에
삶이 있네
삶 안에 철학 있고 운명의
인생살이
웃으며 살아가는 힘 만들고 싶어라,

괴로움 잊고서야 웃음이
나온다네
웃음꽃 피고지어 꽃잎만
흩날리네
지나간 세월 끝에 무엇 찾아 가는가.

세월아

추억을 담아 모아 우리 함께
만나세
세월아 너만 가지 왜 우리
데려가나
석양에 얻은 빛모아 달 만들어 보세나.

월요일 일어나면 한주가
가버린다
아무리 쉬 간다해도 이렇게도
빠르냐
절묘한 천지간 복을 담아두고 가세나.

인생아

인생은 행복이냐 사는 게
불행이냐
천명에 태어남이 순리요
괴로운 삶
아기로 울고 태어나 험한 세상 걸었네.

아무것 모르고서 웃으며
살고지고
우는 것 모두 합쳐 인생길
걸어왔네
묘한 길 알지 못하고 한평생을 살았네.

순간의 세상

단순한 세상살이 얼마나
살다가오
풍성한 인간애를 만들어
살아가세
철저한 생활예의를 지켜가며 사세나.

복잡한 생각으로 사는 것
허무일세
세월에 우리인생 아끼며
살아보세
무엇이 허무한 일로 채워가는 길인가.

일그러진 몸

이런들 어쩌리오 저런들
어쩌리오
인생이 별거더냐 이슬로
사라지네
세상은 실체에 따라 욕심으로 가누나

번뇌는 망상에서 오는 것
알고 있네
알고도 벗어나지 못하는
욕심이라
삶속에 일그러진 몸 잊고사는 몸이.

장마는 연중행사 알고도
막지 못해
사나운 물결 따라 흐르는
인생이라
어쩔 수 없는 우리 삶 나약하기 한없네.

마지막 인생살이 알면서
실천 못해
지나간 세월 생각하면서
웃고 있네
사랑도 모르고서야 인생실패 했다네.

못난 척

세상을 살아가는 항로에
힘든 것이
자신을 바보처럼 능력을
숨기고서
못난 척 살아가는 일 얼마나
어려운가,

강물이 흘러가니 세월도
가는구나
구름도 웃는구나 들판에
생명주네
인생은 자연과 함께 쉬고 가는
객이라,

세월은 가는고야 구름도
따르는데
강물은 어찌하나 인생은
고해로다
망상이 떠오르는 일 생각인들
어쩌나,

숨 쉬고 바라보니 산천은
초록이네
하늘은 맑고 맑은 중천에
떠 있구나
이렇게 흐르고 있는 세상살이
공(空)일세.

조용히 살리라

정중히 말을 하고 자랑은
하지 말고
마음에 담아두고 있어라
고요하게
자신이 노출되면 인격에 금이 간다네.

언짢은 내 삶이야 초라한
낭인이네
자격도 없는 것이 하늘에
기도했네
주어진 자연 이치를 따르면서 살리라.

공(空) 속에

내 마음 바라보니 아무것
없는 것을
이제야 알았으니 가슴속
빈 공간을
세월이 알고 있으니 꾸밈 없는 공(空)일세,

공(空)속에 이어지는 불청객
이었구나
마음도 비어있네 가슴도
비어있네
내가야 나를 모르니 어리석음이로세.

빈 껍질

생각이 마음인가 무념이
마음인가
아무런 생각 없이 보는 눈
보이는가
귀찮은 빈 껍질 보고 무엇 바라겠는가.

얼마나 귀찮았나 미안해
죽겠소야
허무한 인생이로다 무심한 삶
이로세,
어차피 가는 인생 삶 영혼 찾아 잘 가라.

빈 마음

웃기는 일이로세 빈 마음
어찌할꼬
차있는 마음속에 사랑을
주는 거야
사랑이 없는 빈 마음 무엇을 주겠는가.

진실과 형식도야 조화를
이루어야
어울려 보기 좋은 사랑을
만든다네
숨겨진 사랑은 숨통 터져서 말 못하네.

나만이 진실하고 굴속에
함께하는
도둑 맘 진실하다 뭘 할꼬
같은 무리
입이 써 말 못하고 뒤따른다 무죄일까.

욕심쟁이

순간 절 아등바등 사는 힘
있고 지고
마음은 욕심쟁이 빈 가슴
안아 보네
보이지 않는 실체 마음 두니 허무로다.

실체는 있고 지고 알맹이
비어있고
보이는 실체도야 허상일
뿐이로세
공간을 채우는 순간 한나절의 꿈이네.

별거더냐

인생이 별거더냐 세월이
웃고 있네
바람은 계절 따라 남에서
오더니만
인생과 세월 모두를 순식간에 휩쓰네,

그것도 모르고서 날뛰는
졸부들아
한 세대 밀려가고 한 세대
밀려온다
탐욕에 목말라하며 세월 앞에 손드네.

영혼세계

영혼이 먼저인가 육신이
먼저인가
서로가 협동하며 내 몸이
있고 지고
두 동강 되면 말 못해 침묵하고 마누나.

영혼은 육신 통해 말하며
존재하네
육신맘 흔든 영혼 갈 곳을
찾고 있네
하늘가 알 수 없는 게 이생의 삶 같구나.

힘든 세상

머리가 아파오고 다리가
아파오네
인생이 별것인가 영혼은
웃고 있네
내 몸이 뒤틀어지는 소리 나고 있구려,

살면서 웃고 지고 하지만
순간일세
마음은 흐르고야 있는데
말이 없네
우주를 따라가는 게 힘든 세상 됐구려.

세월타고

인생이 별거더냐 큰소리
치지마소
평범한 인생 삶을 사는 게
으뜸일세
떠나는 임 생각하면 아무것도 아닐세.

무엇을 싣고가나 빈손에
말도 없네
흙과물 공기 중에 산화된
허무일세
힘이 센 황우 장사도 세월타고 가누나

글밭에 놀다가는 인생이
행복하네
자연을 노래하며 사랑을
하고 있지
진리를 찾아 세상을 읊으면서 산다네.

세월주고

인생에 세월주고 태양은
웃고 있네
세월은 시간주고 순간은
기쁨주네
자연은 보이지 않는 실체 따라 가누나,

살아온 인생 삶을 뒤돌아
보게 하네
마음은 실체 따라 탐욕이
싹트이네
생각과 감정은 내 몸 움직이고 있구려,

내가야 누구인가 알 수가
없는 인생
마음은 탐욕 따라 흔들려
가고 있네
세월의 흔들림 속에 살아온 삶 한심해.

세월 앞에

인생이 별거더냐 세월이
웃고 있네
바람은 계절 따라 남에서
오더니만
인생과 세월 모두를 한꺼번에 휩쓰네.

영단풍

영원한 우리우정 풍류로
다져보세
단풍철 붉은 가슴 묵화로
그려보세
풍월을 가슴에 그려 그리움을 만드세,

영혼의 불꽃처럼 불타는
단풍이라
단순한 세상처럼 보이는
붉은 산야
풍월에 들꽃 따라서 붉은 것이 보이네.

영혼세상 찾아가는 목마인생
그립구나
단순한 삶 이어가며 무엇 그리
찾고 있나
풍요로운 가슴으로 웃으면서 살고 싶네

영혼을 사랑하고 미소로
밝아지네
단순한 인생살이 무엇이
그리 좋나
풍운아 꿈을 그리며 지난 세월 살았네.

허공

정신이 흔들리네 생각이
없어지네
맑은 뇌 없어지고 망상만
생겨나네
아무것 보이지 않는 색시 공에 사누나.

자신을 알아야지 남의 것
찾지마소
내가야 누구인가 알 수가
없다하네
마음도 보이지 않고 생각도야 꿈일세.

행복을

행복을 잡고싶은 마음은
인생이네
괴로움 잊고싶은 가슴은
마음이네
기쁨과 남의 일들을 잊고사는
我일세.

어차피 가는인생 무엇을
원하는지
알수가 없고지고 사는게
순간이라
영생을 바라는 가슴 희망으로
산다네.

시조로 풀어낸 자서전적 인생 보고서

— 이현기 시조집 『순간의 세상』의 시세계

김 관 식 (시인, 문학평론가)

1. 들어가며

문학의 장르는 창작성의 여부에 따라 글의 형식이 달라지고, 창작자와 독자들의 반응에 따라 소멸되기도 하고 약간의 수정을 거쳐 점차적으로 발전을 거듭하여 나중에는 장르로 확정되고 정착하게 된다. 창작품은 작가의 경험을 소재로 작가의 상상력으로 꾸며낸 허구의 세계를 장르의 형식에 맞추어 표현된다. 문학 양식을 운문과 산문으로 대별하면, 압축해서 표현한 문학 양식을 운문이고, 풀어서 풀어낸 문학 양식을 산문으로 규정할 수 있다.

그런데 운문 형식의 경우 나라별, 시대별로 독특한 양식의 표현형식을 가지고 표현되면서 그 양식이 사라지기도 하고 새로 생겨나기도 하면서 오늘날의 운문의 장르로 정착되어 하나의 표현형식으로 자리 잡아 왔다.

운문의 형식도 사사성과 서정성을 기준으로 서사시와 서정시로 대별되고, 또 언어 표현의 형식적 제약이 있느냐의 여부에 따라 정형시와 자유시로 구분되고 있으나 우리나라 정형시의 전통적인 장르로 정착하여 현재까지 남아서 지속되는 시가 시조라는 장르이다.

시조는 초장, 중장, 종장의 형태로 초, 중장은 각각 3 · 4, 4 · 4조로 종장은 3 · 5, 4 · 3조로 3장 45자를 기본율격으로 하는 고유한 우리나라의 전통적인 정형시이다. 그 역사는 고려 말부터 현재까지 존속되어 왔다. 초기에는 문학적 형식과 음악적 형식이 병행하여 발달되어 왔지만, 오늘날은 오늘의 시적 정서를 시조의 형식에 담아 약간의 정형을 파괴하여 표현하기도 하고 사설시조의 형태를 밟기도 하는 등 다양하게 전개되고 있다.

이처럼 시조는 오랜 세월 사라지지 않고, 전통적인 형식을 유지하면서 우리 조상들의 애환을 토로해왔던 것만은 부인할 수 없다.

이현기 시인은 자신이 살아온 지난날의 인생 역정을 시조라는 장르의 형식으로 풀어서 토로한 자서전적인 인생 보고서라 명명할 수 있는 시조집 『순간의 세상』을 펴냈다.

이 시조집이 담긴 그의 인생역정을 추적하면서 그가 겪은 진실한 인생 보고서에 대해 해설을 붙이고자 한다.

2. 시조로 풀어낸 자서전적 인생 보고서

1) 경험으로의 시조미학

문학은 어떤 형태이건 작가의 경험 세계가 문학작품을 창조해내는 단서를 제공해주게 된다. 경험은 크게 직접경험과 간접경험으로 구분할 수 있는데, 이현기 시인의 시조는 직접 자신이 겪은 경험을 재현적인 상상력에 의해 토로하는 형식으로 표현되고 있다.

문학작품이 미학적인 측면에서 예술성, 즉 문학성을 갖추기 위해서는 무엇보다 경험을 창조적으로 재구성하게 된다. 그렇지만 여기에 작가의 개성적인 삶의 태도나 상상력에 의해 비록 허구적이더라도 언어미학적인 표현효과를 살려 형상화되고 구체적으로 표현하게 되면 감동을 주게 된다. 물론 이런 작품들은 문학성이 뛰어난 작품이 되겠지만, 언어미학적인 측면을 강조한, 문학성이 다소 뒤떨어져 표현으로 미숙한 문학작품이라 하더라도, 진실성이 뛰어났을 때 감동을 주게 된다.

사실 문학작품의 미학적 측면을 강조하는 것은 형상화나 언어표현의 미학에 초점이 맞추어져 있는 것이다. 이처럼 진실성과는 거리가 먼 허구의 진실성을 바탕으로 창조된 허구의 미학을 문학성이 뛰어난 문학작품이라고 한다면, 문학의 표현형식이나 예술적인 미학을 떠나서 실제의 진실이 주는 공감과 휴머니즘적인 감동에 비중을 둔 진실성의 문학작품은 그 나름대로 또 다른 진실성의 미학이 성립되는 것이다.

최근 장르의 경계가 불분명한 르포와 시, 소설 등의 문학 양식과의 결합, 사진이나 그림과 시, 소설 등의 문학 양식이 결합하는 등 탈 경계의 문학 장르가 유행하기도 했다. 이러한 해체주의 경향의 문학작품도 진실성의 차원에서 진실성의 아름다움을 유발하여, 또 다른 감동을 가져다주기도 한다. 다시 말해서 문학작품은 진, 선, 미의 세계를 모두 담아내기 때문에 진, 선, 미의 어느 측면을 강조하느냐에 따라 순수시냐 현실참여시냐 하는 담론을 발생시키기도 한다.

시대의 변화와 사회적인 현실에 따라 현실성을 내세워 진실성이 강조되는 문학이 각광을 받기도 하고, 시인이나 작가의 창조적인 상상력과 언어미학적인 측면이 강조되는 순수문학형식이 부각되기도 하는 등 사회집단의 속성에 따라 상이한 작품 경향을 보이게 된다. 이러한 경향은 유행처럼 시대철학과 맞물려 변화를 보이는데 이를 문예사조라 일컫고 있다. 최근 포스트모더니즘의 시들이 유행하는가 하면 장르의 경계가 해체된 해체시의 형태가 유행되기도 하는 등 다양한 시 흐름이 전개되고 있다. 장르의 경계의 해체, 표현 매체의 개방, 기존의 규범 문법의 구속에서의 해체, 광고나 신문기사 사진을 오려 붙이는 시적 주체의 소멸, 윤리적인 속박에서 벗어나려고 하는 탈이념의 현상, 속어 · 욕설 · 비어를 사용하는 예술의 저속화 현상 등 전통적인 가치체계를 무너뜨리고 있는 1980년대 유행처럼 번진 해체시는 프랑스의 데리다의 영향으로 파생된 문예사조이지만, 이현기의 시조집 『순간의 세상』은 전통적인 시조의 형태를 그대로 유지하면서 자신의 경험 세계를 그대로 진술하려는 직관적인 경험의 편린들도 문학의 표현방법을 해체시킨 해체시조라고 평가된다.

존 듀이는『경험과 자연』이라는 저서를 통해 경험에 대한 그의 기본 범주에 따르면, 그것은 유기체와 환경의 상호작용이다. 즉, 그는 경험을 하나의 극이 아니라 전체적인 관계, 인간의 능동과 수동으로 본다. 경험은, 아주 뚜렷하지 않지만 여러 가닥들로 나뉜다. 시작과 종말, 인과적 연계에 종속되는 부분과 독립된 부분- 그는 이것을 '역사들' 이라고도 불렀다.[1)]

그의 시조는 현대시조에서 금기 사항인 고어체(古語體)나 사어(死語), 직관적 경험인식과 직설적인 감정 표현, 과거 고난의 순간에 대한 집착, 신앙으로 의지하는 삶의 자세 등 문학성보다는 진실성의 표현에 집착하는 자세를 보인다. 즉, 과거로의 퇴행하려는 그의 심리적인 방어기제가 시조에 반영되어 나타난다는 것이다. 따라서 그의 시적 주제의 핵심은 바로 과거 어린 시절에 겪은 가난에 대한 집착과 한의 세계로의 퇴행적인 주제들이라는 점이다.

어린 시절 견디기 힘든 가난의 고통은 노년기까지 뼈에 사무쳐 한으로 남아 그것을 소재로 그는 시조형태의 자서전적인 인생진술로 풀어냈다. 이처럼 어린 시절의 뼈아픈 경험은 그를 평생 동안 끈질기게 그와 함께 동행을 해왔고, 앞으로 무덤까지 동행한다는 점에서 공감을 불러일으키는 것이다. 따라서『국부론』을 저술한 경제학자로 알려진 아담스미스의『도덕 감성론』에 의하면, "인간이 자신의 이익을 추구하는 성향 외에 다른 사람의 고통에 대해 공감하는 능력과 부당

1) 김문환 편저,『현대미학의 방향』, 열화당, 1985. pp.136-137.

한 상황에 대해 분노하는 능력을 본성적으로 타고났다고 믿었다. 이와 같은 능력이 우리가 도덕적 판단을 내릴 수 있는 기초를 제공한다고 생각했다. 스미스는 이러한 공감과 분노의 능력을 정확하게 이해하여 사람들의 복지를 전반적으로 향상시킬 수 있는 사회제도를 마련해야 한다"고 주장했고, 부의 축척을 위해 노력하나 죽을 때가 되어 부의 축척에 대해 후회하나 사람들의 본성은 자신의 이익을 위해 부를 축척하게 된다고 주장하고 있다.

이현기의 시조집 『순간의 세상』은 스미스의 주장처럼 "다른 사람의 고통에 대해 공감하는 능력과 부당한 상황에 대해 분노하는 능력을 본성적으로 타고난" 인간의 심성을 자극하게 되어 결국에는 그의 시를 읽으면, 그가 겪은 고통에 대한 공감과 그의 분노와 절규에 대해 측은지심의 감정으로 동일화 현상을 경험하게 된다는 것이다.

그의 시조는 성경의 전도서 1장 1절-18절의 "헛되고 헛되다"는 솔로몬의 지혜를 담고 있어 다소 격앙된 직접적인 감정토로의 낭만주의적인 표현형식의 시조이지만 과거로의 퇴행적인 해체를 통해 공감력을 획득하고 있다. 이러한 작품의 경향은 결국 경험으로서의 시조미학이 가져다주는 공감이라고 보아야 옳다고 본다.

2) 순간 멈춤의 고향의 파노라마 속의 사모곡(思母曲) – 제1부 어머니

동영상으로 촬영된 이현기 시인의 유년 시절 재생 테이프를 틀어놓은 듯 그의 유년은 고통이었다. “육년간 맞춘 교복 못 입어/ 울어본들 세월이 알겠는가?” 「웃었소」라고 탄식하는 가난은 “뒷거름 밭에 내고 일하던/ 소년 시절” 「송아지」에 일어난 참기 어려운 고통의 순간이었다. 가난을 대물림한 어머니의 심정은 그 얼마나 고통스러웠을까? 자식을 마음 놓고 학교에 다니게 하지 못하고 농사일을 시켜야 하고, 또 그러한 농사일을 마다하지 않고 하면서 힘에 겨워 몸부림하는 자식을 바라보는 어머니의 심정은 가슴이 찢어지는 듯한 고통의 순간들이었을 것이다. 그래서 “일하기 싫다 하면은 도망가라 했다오” 「송아지」라는 이현기 시인의 어머니의 안타까운 심정을 「송아지」를 통해 느낄 수 있다.

6 · 25전쟁 이후 피폐된 우리나라의 농촌 사회적인 배경이 적나라하게 드러나는 장면이다. 그의 시는 어린 시절 이현기 시인이 경험했던 고향의 풍경과 사회성을 촬영해 놓은 한 편의 비디오테이프다. 그는 그 비디오테이프를 재생기에 넣어 재생시키면서 한 편의 시조를 연결하면 파노라마처럼 펼쳐지는데, 각 편의 시조를 정지 버튼으로 눌러 한 장면씩 우리들에게 보여주는 것 같은 과거 재생의 착시현상에 빠져들게 되고, 공감하게 되는 것이다.

이현기 시는 우리나라의 5, 60년대의 사회상을 시조로 풀어낸 자서전적인 인생 보고서라고 할 정도로 당시

절대적인 빈곤에 허덕이는 농촌의 한 가족사가 "제1부 어머니"에서 펼쳐진다. 어린 시절 고향을 떠나고 싶은 욕망을 억누를 수 있는 것은 바로 어머니 때문이었다는 것을 우리는 「용광로」를 통해 알 수 있다.

아들을 두고 가신 어머니
생각하면
끝없이 아픔 오고 운명의
부름이라
생각은 하지만 너무나 빨리도 가셨네,

울어도 보았지만 하늘은
침묵하고
가슴만 젖도록 한 세월
지났구려
이것이 인생 삶인 것 알고 보니 끝이네.

철 따라 살아가는 소년은
봄이 싫어
울었네 봄이 오면 논밭은
나를 찾네
기다려 웃자 했는데 태양빛 찬란했네.

모심는 날에 결석 하루가
길어 갔네
모쟁이 뒷걸음에 거머리
강한 인생

용광로 화덕 만들어 만든 인생 됐다네,

—「용광로」 전문

이 시는 4장의 연시조로 구성되어 있는데, 이현기 시인의 유년을 한 편의 시조로 압축해놓고 있다. 1장의 당시의 어머니를 떠올리며 안타까워하는 화자, 2장은 사모곡(思母曲)을 통한 인생무상을 느끼는 현재 화자의 심정토로, 3장과 4장은 어린 시절 과거 속의 고난과 역경을 견디어내는 긍정적인 화자의 모습은 바로 「용광로」라는 해석적인 진술로 자신의 인생경험담을 종결하고 있다.

시조의 형식을 빌려 이현기 시인은 과거의 경험을 숨김없이 적나라하게 진술하고 있는 「용광로」는 당시 우리나라의 농촌사회의 풍속도라고 할 수 있을 것이다. 이처럼 한 개인의 자서적인 인생 보고서 형태의 시조를 통해 우리는 당시의 사회상을 읽어낼 수 있는 것이다. 이러한 고통스러운 순간들을 벗어나고자 땀 흘려 열심히 일하고, 일하면서 틈틈이 공부를 해온 덕분에 농경사회에서 산업사회를 거쳐 정보화사회로 그리고 최근에는 제4차 산업사회로 변화되면서 우리나라의 경제는 비약적인 성장을 가져왔고, 2012년 통계로 우리나라는 2년 연속 1조 달러를 무역수지를 달성하면서 세계 수출 7강, 무역 8강에 진입했다. 1962년 제1차 경제개발 5개년 계획의 시행으로 본격적인 경제성장 정책을 지속적으로 추진한 50년 만의 결실을 맞아하여 무역국가가 되었다.

다만 해방과 6 · 25전쟁 이후 남북 분단이 지속되어 북한의 핵위협으로 정치군사적인 긴장 국면에 놓여 있지만, 이현기 시인처럼의 절대빈곤을 이겨내려는 우리 민족의 끈질긴 노력이 있었기에 오늘과 같은 경제적인 풍요를 누리고 있다고 보아야 할 것이다. 뜨거운 삶에 대한 열정으로 「용광로」의 불길에 끊임없이 「풀무질」을 해왔기에 오늘날의 물질적인 부를 이루어낸 것이다.

뜨거운 자식 사랑으로 어려운 현실을 인내하고 극복했던 어머니의 남몰래 흘린 눈물이 있었기에 가족관계가 해체되지 않고 자식을 똑바로 가르쳐 당당하게 그때 그 시절을 회상하면서 뒤돌아 볼 수 있는 것이다.

제1부 어머니는 1950년대와 1960년대의 우리나라 농촌 풍경을 담아놓은 이현기 시인의 고향 속 파노라마의 사모곡(思母曲)이다. 제1부의 오히려 어려운 고통의 순간들을 원망하지 않고 조상들에게 감사하고 고마워하는 인간 승리의 모습을 노래하는 「감사은덕」, 어린 시절의 명절 때 경험한 어머니와의 아름다운 추억을 회상하는 「계절의 변화」, 「추석절」, 변화된 고향의 모습을 노래한 「고향」, "긴 밤에 새끼 꼬며 동치미/ 먹던 기억"으로 어린 시절의 생활 모습에 대한 그리운 정서를 펼쳐놓은 「어머니」, 고통을 견디어 인간 승리를 이루었다고 긍정적인 마인드로 유년기를 해석함으로써 자기위안을 삼는 「용광로」, 「송아지」, 「풀무질」, 가난한 시절의 부끄럽게 생각하지 않고 당당하게 가난 때문에 고통받던 순간들을 적나라하게 털어놓은 「웃었소」, 「초등」, 시간의 흐름 속에서 과거의 모습과 현재의 자신의 모습과 심정을 토로하는 「끝이야」, 「친구야」, 「천리

향」, 「세월」, 「고향의 벗」, 오늘의 사회 현실을 비판적 시선으로 어린 시절과 비교하여 자신의 솔직한 심정을 토로하는 「시골길」, 「어릴 적」, 어린 시절 아름다운 동심의 세계를 한 폭의 그림으로 펼쳐놓은 「눈썰매」, 현재까지 인생역정을 걸어온 자신의 고독한 모습을 노래한 「나 홀로」, 「새벽 길」 등 20편의 시조를 통해 이현기 시인의 자신의 어린 시절 모습을 담은 스냅사진 같은 장면들을 파노라마로 펼쳐서 '순간 멈춤의 고향 속 파노라마의 사모곡(思母曲)' 을 부르고 있다.

3) 사향의식 속의 자아에 대한 자성적인 해석 – 제2부 바보

이현기 시인이 자신의 어린 시절의 고향과 그 시절의 정지된 경험이라는 퇴행하는 사향의식을 통해 숨어 있는 자아를 발견하고 인생역정을 거쳐 온 현재의 시점의 자아의식에 대한 자성적인 해석의 결론을 내리고 있는데, 그 결론이 바보라는 것이다. 인내하며 살아온 우직한 자신의 모습은 자연의 이치에 거슬리지 않는 삶을 살아왔다는 결론을 얻게 된다.

과거를 되돌아보면 자기만의 욕망을 채우려고 살아온 세월은 회한만 남게 되기 마련이고, 과거의 고통의 순간은 지나놓고 보면 미화되어 아름답게 한 장의 사진으로 남게 되는 것이다. 자연의 순리대로 살아가는 삶은 복을 가져다준다. 『시경』에서 말하는 오복은 첫 번째로 수로서 천수를 다 누리다가 가는 장수의 복이고, 두 번째는 부(富)로서 살아가는 데 불편하지 않을 만큼의 풍요로운 부의 복이며, 세 번째로는 강령(康寧)으로 몸과 마음이 건강하고 깨끗한 상태에서 편안하게 사는 복이다. 그리고 네 번째로는 유호덕(攸好德)으로서 남에게 많은 것을 베풀고 돕는 선행과 덕을 쌓는 복을 의미하며, 마지막 다섯 번째로는 고종명(考終命)이다. 일생을 건강하게 살다가 고통 없이 평안하게 생을 마칠 수 있는 죽음의 복으로 죽을 때 잘 죽으라는 말을 뜻하기는 하지만 좀 더 깊이 새겨보면 마지막 인생길을 정리하며 하느님이 나에게 주신 명(命)을 제대로 수행했는지 잘 돌아보고 생을 마치라는 뜻이다.

이현기 시인이 바보로 살아왔다고 자신의 모습을 평가하는 것은 바로 자연의 이치에 거슬리지 않는 오복을 다 가지고 태어났음의 의미한다. 바보는 자신만의 욕심을 채우려들지 않고 부모님을 섬기고 남과 더불어 살아온 동양적인 삶의 전형이라고 해야 할 것이다.

얼마나 불쌍했나 바라본
얼굴이네
마음도 없는 일을 미소로
힘든 상념
이렇게 나를 울리나 마음 안에 눈물로,

자연의 이치라는 하늘의
이야기는
오늘도 속삭이며 가슴을
치는구나

바보는 늘 바보였어 늘 바보로 살리라.

—「바보」 전문

이 시조는 자신의 얼굴을 들여다보고 정신적인 억압을 받고 살아온 어린 시절의 자아를 본인 스스로가 측은하다고 결론을 내린다. 자기감정을 숨기며 스스로 억압하며 살아온 세월에 대한 자기연민 의식을 보인다. 그러면서 차라리 바보로 살아온 자신을 긍정적으로 자랑스럽게 평가를 내린다. 그것은 "자연의 이치", "하늘의 이야기"라는 하느님에 의존하는 자세를 보인다.

제2부 바보는 '사향의식 속의 자아에 대한 자성적인 해석'을 긍정적으로 내리고 있는데, 「바보」라는 자기평가와 자연의 풍광을 통해 「시향」을 느끼는 생활에 대한 긍지심을 느끼고, 「바람은」과 「겨울비」를 통해 자연의 이치를 깨닫게 되며, 「운명으로」를 통해 자아를 발견하게 된다. 예민한 감각으로 「가을빛」을 느끼기도 하고, 「단풍철1」에 노년기에 있는 자신의 동병상련의 감정을 토로하기도 하며, 「여름철」, 「빛의 전령」, 「가을 왔네」, 「밀려오네」 등 자연의 풍물을 통한 과거의 회상과 자아의 발견, 「떠난 임아」, 「흐르는 순간」, 「사랑 타령」, 「넘어갔소」, 「바보 같은」, 「웃음난다」, 「죽마고우」, 「빗방울」, 「자연 박물관」, 「바람소리」 등의 시공간 속에 경험했던 일들과 인간과 자연물들을 보고 직관적으로 느낌 감정들을 통해 자신의 모습을 스스로 바보라고 여기며 남은 인생도 바보로 살아가겠다는 의지를 보인다.

3) 조국에 대한 감사와 사랑, 자아의 민족의식으로의 확장 – 제3부 지키세

'제3부 지키세'는 자서적인 개인사의 입장에서 자아의 내면세계가 역사와 민족으로 확장된 조국에 대한 긍지심을 표출하였고, 한없는 감사와 사랑의 자세를 보인다. 따라서 철저한 역사인식을 바탕으로 민족의 밝은 앞날을 지향하는 염원의 세계를 담고 있다.

시골길 걸어가다 아이들
업고 지고
울음이 있어야지 웃음도
볼 것인데
시골길 보이지 않고 폐허로 가고 있네.

들판은 누가 지켜 가는가
백발전투
땀으로 젖은 몸은 미래를 생각하네
조국아 어디로 가나 숨통 터져 죽겠소.

— 「지키세」 전문

이 시조는 오늘의 사회상에 대한 화자의 비판적인 인식과 미래에 대한 제언을 담았다. 산업화로 인한 인구의 도시집중 현상으로 피폐된 농촌의 현실과 여권신장과 주택난, 청년실업 등의 사회문제와 맞물려 출산을 기피하는 오늘의 현실 상황에 대해 안타까운 자신의 입장을 표명한 시조이다. 조국의 미래를 짊어진 젊은이들의 활약상을 칭송하는 「장하다」, 물질적인 가치 추구가 지나친 나머지 윤리도덕이 무너져가는 사회현실에서 새 역사를 건설하자는 강한 메시지를 권유하는 「만드세나」, 한글의 우수성에 대한 민족적인 긍지심을 표출한 「한글 세상」, 개천절의 의미를 되새겨보는 「생일날」, 남북으로 분단 상황 현실과 통일의지를 보인 「단풍철2」, 「허리 휘네」, 자신만의 욕심이 눈이 어두운 속물적인 인간들에게 비판적 시각으로 개탄하는 「어이할거나」, 을왕리를 갔다 온 경험을 소재로 언어의 자유연상법을 통해 작은 생명도 소중히 하는 생태주의 생태의식을 일제강점기 매국한 인물로 확장한 「을사오적」, 가야국, 고구려 역사의식을 송아지의 울음으로 형상화한 「음매소리」, 우리나라의 경제 발전의 초석을 마련하기 위해 해외근로 이민사를 노래한 「서독 광부」, 정치인들을 풍자하고 비판한 「철새들」, 우리나라의 역사의식에 대한 긍지심과 졸부들에 대한 비판의식을 노래한 「오천 년」, 호국영령들에 대한 추모의식을 담은 「현충일」, 탈북민들에 대한 민족적인 애정과 독재자를 비판한 「석두」, 국가경영을 맡은 위정자들의 잘못을 비판하는 「답답한 동네」, 세대 간의 단절된 현실을 노래한 「말이 없어진 사회」, 등 '제3부 지키세' 에서는 '조국에 대한 감사와 사랑, 자아의 민족의식으로의 확장' 하는 시세계를 보여준다.

4) 사회역사의식을 통한 평화와 통일, 자주국방에 대한 열망 – 제4부 굴러가는 소리

사회와 역사는 시공간을 통해 톱니바퀴에 맞물려 흘

러가기 마련이다. 때로는 굉장한 소음을 내면서 삐꺽거리기도 하고, 때로는 무소음으로 평화롭게 굴러가듯이 역사의 수레바퀴는 멈추지 않고 굴러가기 마련이다. 이현기 시인은 역사의 수레바퀴의 굴러가는 소리에 민감한 반응을 보인다.

인생 삶 굴러가는 소리가
들리네요
세월에 바퀴 달고 나는
비행접시
철저한 방위 태세로 나라
지켜가세나.

나 홀로 생각하니 공중에
떠있는 꿈
날개도 없는 것이 달나라
다녀오고
우주 신비 가져와 마음 그리면서
웃는다,

—「굴러가는 소리」 전문

이 시에서 보는 바와 같이 세계에서 유일하게 이념대립으로 분단된 민족은 우리 민족뿐이다. 그것도 최근에는 북한 핵무기 개발과 핵폭탄의 위협으로 세계평화에 찬물 끼얹고 있는 상황이다. 첨단의 우주과학문명의 발달로 평화적인 우주개발이 아니라 인간의 생명을 위협하는 핵폭탄이라는 가공할 만한 살상무기의 개발은 대한민국을 위협하고 있기에 철저한 방위태세와 안보의식이 요구되는 현 상황에 대한 이현기 시인은 냉소적인 메시지를 던진다. 그것은 개인의 헛된 망상임을 암시하고 있다.

역사는 올바르게 흘러가든 그렇지 않든 흘러간다는 「흘러갔네」로 진술했고, 위정자들에게 「가슴 안의 기본」을 촉구하기도 하며, 「태양 아래」 존재하는 「졸부님」들에게 「흡혈귀」라고 따끔한 충고를 하고, 아울러 「전쟁은」 인간성을 말살하고 평화를 위협하니 모두가 합심해서 평화를 지켜나가자는 메시지를 던지기도 한다.

그리고 하느님의 쓰임을 받는 평화를 실천하는 영웅을 갈망하는 「어디 갔나」, 6 · 25전쟁에 대한 고난을 진술한 「전쟁」, 하느님의 나라에 대한 신앙의식을 형상화한 「하늘마음」, 우주의 섭리에 따라 이상적인 세계를 꿈꾸는 「문화 세상」, 인간성을 회복하고 바른 사회를 정착시키기 위해 가정이 바로 서야 함을 역설한 「가정의 달」, 북한 실상의 고발과 탈북자들에 대한 애정 어린 시선을 보내는 「노예로」, 「고향의 봄」, 신앙심으로 나라를 바로 세우고자 하는 의지를 담은 「영병신」, 매연과 노숙자가 존재하는 도시의 비인간화를 모습을 풍자한 「냄새」, 현실비판의식과 평화 의지를 노래한 「소리와 말」, 올바른 사회지향의 의지를 노래한 「꽃 피네」, 냉철한 역사의식으로 살아가라는 메시지를 담은 「역사의 필름」 등 19편 시조에 사회비판적인 냉철한 현실의식으로 위정자들과 졸부들이라는 권력을 가진 자들에게 따끔한 충고와 아울러 올바른 도덕윤리의식을 촉구하는 등 국민의식을 계도하는 등 '제4부 굴러가는 소리' 에는 사회역사의식을 통한 평화와 통일, 자주국방에 대한 열망을 노래하고 있다.

5) 시조로 풀어낸 자선적인 인생 보고서 – 제5부 인생아

'제5부 인생아' 는 이현기 시인이 지향하는 시조세계의 핵을 담은 시조로 풀어낸 자선적인 인생 보고서로 독자들에게 자신이 걸어온 삶을 통해 깨달은 진리를 독자에게 실천하기를 권유하는 권유적인 진술의 시조들이다. "예술은 길고 인생은 짧다."라는 말이 있다. 지나고 보면 인생은 한순간에 지나지 않는다. 그래서 예부터 사람들은 인생에 대한 자기의 생각들을 다양한 명언들로 남기고 있다. 그 중 유명한 명언을 몇 가지 소개하면, 장 파울은 "인생은 한 권의 책과 같다. 어리석은 사람은 대충 책장을 넘기지만, 현명한 사람은 공들여서 읽는다."라고 했고, 장영실은 "내가 남을 알지 못하는 게 죄일 뿐이다. 남이 나를 알아주지 않는 게 무슨 죄란 말인가?"라고 했으며, 스피노자는 "비록 내일 지구의 종말이 온다 하여도 나는 오늘 한 그루의 사과나무를 심겠다."고 했다.

자신의 인생철학을 한마디로 요약해서 한 말이지만 인생이라는 의미를 떠올리게 한 명언들이다. 이현기 시인도 상징적으로 시조를 통해 『순간의 세상』임을 암시하고 뒷말은 생략해놓고 있다. 찰나의 순간을 살아가면서도 우리 인간들은 천년만년을 살아가는 불사신의 존재로 착각하면서 서로 미워하고 싸우면서 자기의 욕망을 추구하기 위해 몸부림하여 정신적인 스트레스를 받고 살아가고 있다. 물질주의 시대를 살아가는 오늘날 자신의 편리하고 안락한 행복의 추구를 물질적인 가치로 환산하는 현대사회에 살고 있는 우리들은 물질은 죽어서도 자신이 축척한 부를 모두 가져갈 것처럼 행동하고 살아간다. 한 치의 앞을 내다보지 못하는 눈 뜬 장님이요, 죽음의 냄새를 맡지 못하는 축농증 환자이며, 가난한 이웃들의 통곡소리를 듣지 못하는 귀머거리요, 불의를 보고도 한마디 말을 하지 못하고 지나치는 벙어리의 삶을 살아간다. 그게 가장 지혜로우면서도 자신만의 안위만을 생각하고 끝없는 욕망을 추구하며 살아가는 것이 우리네 인생살이이다.

단순한 세상살이 얼마나
살다가오
풍성한 인간애를 만들어
살아가세
철저한 생활예의를 지켜가며 사세나.

복잡한 생각으로 사는 것
허무일세
세월에 우리인생 아끼며
살아보세
무엇이 허무한 일로 채워가는 길인가

—「순간의 세상」 전문

성경말씀처럼 "하루를 천년같이" 살아간다면 좋겠지만, 오늘날 의학기술의 발달로 평균수명이 연장되어 100세 시대를 살아가고 있다. 그러나 자신이 가치 있는 일을 하지 못하고 허송세월을 보낸다면 생명이 연장되었을 뿐 우리 사회에 보탬이 되기보다는 부담이 되는 삶을 살아가게 되는 것이다. 보람 있는 삶이란 여러 사람에게 꿈과 희망과 기쁨을 주고, 도움을 주는 삶일 것이다. 이현기 시인은 자신이 걸어온 역경의 어린 시절을 시조로 담아 독자들에게 전하고 있다.

'제5부 인생아' 에서는 자신의 인생철학을 「우리 삶」 속에 담았고, 덧없이 흘러간 자신의 삶을 시간의 흐름 속에서 자신의 족적에 대한 무상함을 「세월아」, 「인생아」, 「일그러진 몸」, 「공(空) 속에」, 「빈 껍질」, 「빈 마음」, 「욕심쟁이」, 「별거더냐」, 「힘든 세상」, 「세월 타고」, 「세월 주고」, 「세월 앞에」, 「영단풍」, 「허공」, 「행복을」 등의 시조에 담았다. 그리고 자신이 스스로 깨우친 삶의 지혜로운 자세를 「못난 척」으로 노래했고, 마지막으로 이러한 깨달음을 통해 지혜롭게 살아가려면 「영혼 세계」를 지향하는 신앙인의 자세가 필요하다는 메시지를 던지고 있다.

3. 나오며

이현기 시인의 시조집 『순간의 세상』는 우리 인생의 철학을 시간의 흐름에 초점을 두고 해석을 내린, 찰나의 인생을 시조로 풀어낸 자서전적인 인생 보고서다.

시조의 형식이 음양오행사상과 우주의 원리에 의해 탄생된 관계로 가장 한국적인 시가로 자리 잡아 오랜 전통을 지니게 된 문학 장르이다. 일본의 하이쿠, 중국의 한시, 등 나라마다 자기민족의 독특한 시가 표현 양식이 있긴 하지만 한국적인 정형시로 현재까지 존속하여 현대적인 정서까지 담아낼 수 있는 문학표현 양식이 시조라는 사실은 가장 한국적인 정서 표현에 적합한 형태의 시가 양식임을 알 수 있다.

이현기 시인은 현대적인 정서의 미학적인 표현이라는 예술적 측면의 문학성과는 다소 거리가 먼 감정토로라는 시조 연원의 발생초기 형식을 취했으나 우리에게 문학성을 떠나서 공감으로 다가오는 것은 인간으로 도저히 견디기 힘든 고통과 역경의 시대현실을 유교적인 가치관으로 부모 공경과 가족 사랑이라는 휴머니즘적인 인내로 견뎌낸 우리 민족의 근현대사의 전형적인 자서전적인 진술이라는 점에서 공감으로 다가오는 것이다.

진실한 이야기는 시대를 초월하고 잘 구조화된 형상화나 언어미학적인 표현을 뛰어넘는 탈 경계의 해체기능을 발휘한다.

전통적인 시조방식으로 구태의연한 언어구사를 시도함으로써 과거로 복귀를 통해 현대적인 정서를 해체해버린 그가 시조로 풀어낸 자서전적인 인생 보고서는 그 나름대로의 의의와 한 개인의 인생사를 기록한 보고서 기능을 갖게 되고, 가족사는 물론 민족사의 전형이 될 수 있음을 알 수 있다.

※ 참고 문헌

1. 이현기, 『순간의 세상』, 도서출판 천우, 2017.
2. 김문환 편저, 『현대미학의 방향』, 열화당, 1985.
3. 아담 스미스, 『도덕감정론』, 비봉출판사, 2009.
4. 유교문화연구소, 『시경』, 성균관대학교 출판부, 2008.
5. 존 듀이, 신득렬 옮김, 『경험과 자연』, 계명대학교 출판부, 1982.
6. 존 듀이, 『경험으로서의 예술 1』, 나남, 2016.

문학세계대표작가선 828

순간의 세상

이현기 시조집

인쇄 1판 1쇄 2017년 12월 1일
발행 1판 1쇄 2017년 12월 8일

지 은 이 : 이현기
펴 낸 이 : 김천우
펴 낸 곳 : 도서출판 천우
등 록 : 1992. 2. 15. 제1-1307호
주 소 : 서울시 성동구 무학봉28길 6 금용빌딩 2F
전 화 : 02)2298-7661
팩 스 : 02)2298-7665
http://moonhak.wla.or.kr
E-mail : chunwo@hanmail.net

값 10,000원

ISBN 978-89-7954-693-4

이 도서의 국립중앙도서관 출판예정도서목록(CIP)은 서지정보유통지원시스템 홈페이지(http://seoji.nl.go.kr)와 국가자료공동목록시스템(http://www.nl.go.kr/kolisnet)에서 이용하실 수 있습니다. (CIP제어번호: CIP2017031786)